# Le Merveilleux de A à Z

Textes
**Pierrette Dubé**
et Luc Melanson

Illustrations
**Steve Adams**
**Fanny**
**Gabrielle Grimard**
**Josée Masse**
**Luc Melanson**

Idée originale et conception
**Dominique Demers**

imagine

# Préface

Je rêvais depuis longtemps d'un livre peuplé de fées, d'elfes, de monstres, de sorcières, de princesses et de dragons. Tous les humains gagnent à fréquenter les royaumes enchantés. On en revient le cœur allégé, l'esprit élargi et le regard illuminé.

Je souhaitais que ce livre merveilleux puisse grandir avec les enfants. Il piquerait leur curiosité à quatre ans, les fascinerait à six ans, les ferait encore rêver à huit ans et longtemps après.

Ce livre servirait de lieu de rencontre et d'échange entre un enfant et un adulte réunis devant les mêmes images fabuleuses ou rieuses, les mêmes propositions d'activités créatives et récréatives.

J'imaginais ce livre comme une boîte à surprises où chaque page étonnerait et captiverait. On y trouverait des tableaux à grignoter, des comptines, des documentaires drôles ou fantaisistes, des jeux, des recettes, des imagiers, des devinettes poétiques, des histoires à compléter et bien d'autres trésors.

Ce livre unique inciterait les enfants à déployer bien grand les ailes de leur imaginaire au fil des pages truffées d'invitations à rêver et à créer.

Et parce que les mots sont si importants, j'espérais que ce beau grand livre merveilleux permette aux plus jeunes d'apprivoiser les lettres de l'alphabet en compagnie des fées.

Enfin, je rêvais de réunir des créateurs que j'admire, afin que cette œuvre soit portée par de grands artistes.

Ce livre existe maintenant. N'est-ce pas merveilleux ?

*Dominique Demers*

# MODE D'EMPLOI
## DU MERVEILLEUX DE A À Z

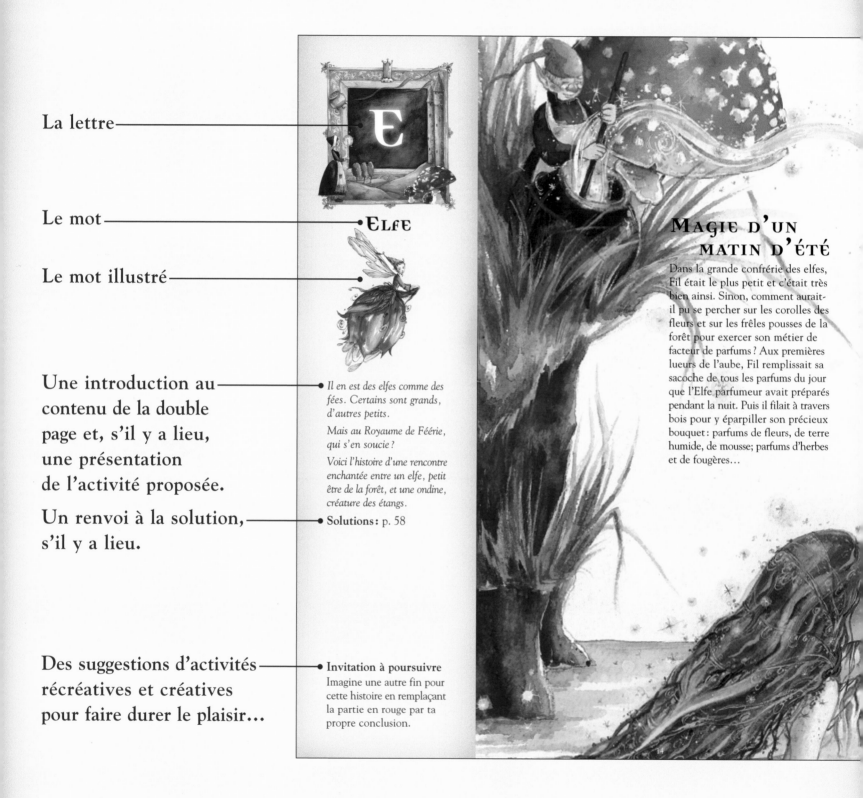

La lettre

Le mot

Le mot illustré

Une introduction au contenu de la double page et, s'il y a lieu, une présentation de l'activité proposée.

Un renvoi à la solution, s'il y a lieu.

Des suggestions d'activités récréatives et créatives pour faire durer le plaisir…

### ELFE

Il en est des elfes comme des fées. Certains sont grands, d'autres petits.

Mais au Royaume de Féérie, qui s'en soucie?

Voici l'histoire d'une rencontre enchantée entre un elfe, petit être de la forêt, et une ondine, créature des étangs.

Solutions : p. 58

**Invitation à poursuivre**
Imagine une autre fin pour cette histoire en remplaçant la partie en rouge par ta propre conclusion.

### MAGIE D'UN MATIN D'ÉTÉ

Dans la grande confrérie des elfes, Fil était le plus petit et c'était très bien ainsi. Sinon, comment aurait-il pu se percher sur les corolles des fleurs et sur les frêles pousses de la forêt pour exercer son métier de facteur de parfums? Aux premières lueurs de l'aube, Fil remplissait sa sacoche de tous les parfums du jour que l'Elfe parfumeur avait préparés pendant la nuit. Puis il filait à travers bois pour y éparpiller son précieux bouquet: parfums de fleurs, de terre humide, de mousse; parfums d'herbes et de fougères…

L'elfe était partout à la fois, vif comme un écureuil et léger comme un papillon. Il n'avait pas une minute à perdre car tous les parfums devaient être livrés avant la première caresse du soleil.

Mais un matin qu'il s'était arrêté près d'un étang pour se désaltérer, Fil échappa sa sacoche dans l'eau. Le pauvre facteur était désespéré, car déjà le soleil commençait à se lever. « Comment vais-je la récupérer, se demandait-il, moi qui ne sais même pas nager ? » Soudain, l'eau frémit, puis s'ouvrit…

Une belle ondine, apparut, souriante et parfumée. C'était la fée Églantine, qui venait à peine de se réveiller. « Tenez », dit la grande fée en remettant à Fil sa sacoche. Fil fut si ému qu'il oublia de la remercier.

Quel charme opéra à ce moment ? Nul ne le sait. On raconte qu'il manqua, ce jour-là, quelques parfums ici et là. Ils étaient restés prisonniers dans les cheveux de la fée. Ce fut le début d'une longue histoire d'amour entre Fil le petit elfe qui ne savait pas nager et Églantine la grande ondine qui ne savait pas voler.

**Pour faire la plupart des activités, il suffit d'avoir du papier, des crayons, parfois un dé, mais surtout beaucoup d'imagination !**

15

# ANNEAU MAGIQUE

*La princesse Ermeline cherche désespérément l'anneau magique qui lui permettra de briser le sortilège et de rentrer chez elle. Aide-la à le retrouver.*

*Ermeline semble seule, mais un chevalier sur sa monture veille sur elle…*

*Si tu regardes bien, tu verras aussi l'ombre d'un petit loup, des champignons carnivores, des sirènes et bien d'autres créatures fantastiques. Amuse-toi à les découvrir.*

**Solutions :** p. 58

### Invitation à poursuivre

Imagine l'histoire d'Ermeline et l'anneau magique. Comment la princesse s'est-elle égarée dans la forêt ? Réussira-t-elle à s'échapper ?

## BOTTE DE SEPT LIEUES

*Dix personnages de contes ont perdu leurs souliers, bottes ou bottillons. Peux-tu les aider à les retrouver ? Tu découvriras sans doute, par la même occasion, de nouveaux contes de princes, de princesses et de fées.*

**Solutions :** p. 58

**Invitation à poursuivre**

1. Trouve à quel conte appartient chacun des personnages.
   **Solutions :** p. 58
2. Essaie de te procurer l'un ou l'autre de ces dix contes à la bibliothèque ou en librairie, puis lis-le ou demande à quelqu'un de te le lire.

# LE PETIT POUCET
## ET LES BOTTES DE SEPT LIEUES

Connais-tu l'histoire du Petit Poucet ? Lui et ses six frères ont été abandonnés dans la forêt par leurs parents, trop pauvres pour les nourrir. Espérant trouver un refuge pour la nuit, ils frappent à la porte d'une maison. Par malheur, cette maison est celle du plus cruel des ogres ! Déjà attablé devant un veau, deux moutons et la moitié d'un cochon, l'ogre y ajouterait bien quelques petits garçons, mais sa femme le convainc de remettre ce festin au lendemain.

Les enfants réussissent à s'enfuir pendant la nuit. Au matin, l'ogre se lance à leur poursuite, mais la course l'épuise et il finit par s'arrêter pour se reposer un peu. Le Petit Poucet profite alors du sommeil de l'ogre pour lui dérober ses bottes de sept lieues.

Grâce à ces bottes magiques, qui permettent de franchir une grande distance en une seule enjambée, le Petit Poucet devient messager du roi et fait fortune.

# Jeu d'association

Associe chaque personnage (identifié par un chiffre) à une paire de chaussures (identifiée par une lettre).
Par exemple, le Petit Poucet (1) est associé aux bottes de sept lieues (C).

**1** — Le Petit Poucet

**2** — Un nain

**3** — L'empereur

**4** — La sorcière

**5** — Cendrillon

**6** — Le Chat botté

**7** — La Belle au bois dormant

**8** — Barbe bleue

**9** — Le Petit Chaperon rouge

**10** — Un petit lutin

**A** — Vieilles godasses

**B** — Petites pantoufles de verre

**C** — Bottes de sept lieues

**D** — Bottes tachées de sang

**E** — Chaussures à boucles dorées

**F** — Botillons rouges

**G** — Solides petites chaussures

**H** — Chaussons à bouts retroussés

**I** — Longues bottes d'un chat coquin

**J** — Escarpins portés pendant cent ans

# C

## COURONNE

À quoi pense le roi sous sa belle couronne dorée ? Peut-être a-t-il de gros soucis, comme en ont parfois les rois. À moins qu'il rêve ou s'ennuie. Mais peut-on se fier à ce que l'on voit ? Les pensées d'un roi sont pleines de mystère, et ses beaux atours sont moins décoratifs qu'ils n'en ont l'air…

Nous avons grossi pour toi certains éléments de l'image, qui révèlent quelques secrets du roi…

## Couronne

La couronne du roi est en réalité des montagnes russes pour puces. Des puces royales, évidemment, qui ne piquent pas, mais chatouillent légèrement. Le roi les entend rire et cela le met en gaieté.

## Pendentif

Le pendentif du roi est un téléphone cellulaire très sophistiqué. Le roi s'en sert pour envoyer des messages textes à ses conseillers, mais aussi pour parler avec la comtesse Aglaé.

## Bague

La bague du roi renferme une boussole qui pointe toujours en direction de la chocolaterie la plus proche. Le roi n'est toujours qu'à quelques pas des meilleurs chocolats.

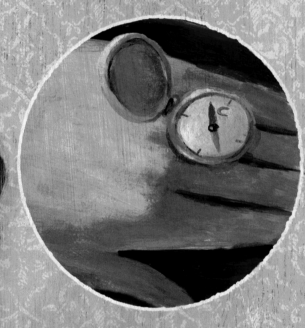

## Invitation à poursuivre

Que cache le roi sous sa longue traîne ? À toi de l'imaginer...

Pour savoir ce que l'illustrateur et l'auteure ont inventé, consulte la page 58.

## Patins à roulettes

Le roi porte des patins à roulettes dorés, qui sont le secret de sa ponctualité. Il lui arrive aussi de faire des courses avec ses amis et même d'étonnantes acrobaties.

# DONJON

Tout château digne de ce nom possède un donjon bien gardé, comme celui-ci. On le dit imprenable, mais voilà qu'un cambrioleur s'y est introduit. Il a attendu la tombée de la nuit pour y dérober cinq objets. Trouve ces objets qui ont disparu une fois la nuit venue.

Comme bien des donjons, celui-ci est infesté de rats. Peux-tu voir les sept rats du donjon pendant le jour? Peux-tu les voir pendant la nuit?

**Solutions :** p. 58

### Invitation à poursuivre

Invente une histoire à partir des personnages du donjon. Qui sont-ils? Imagine ce qu'ils ont pu faire entre la première image et la deuxième. Qui donc a déplacé les objets?

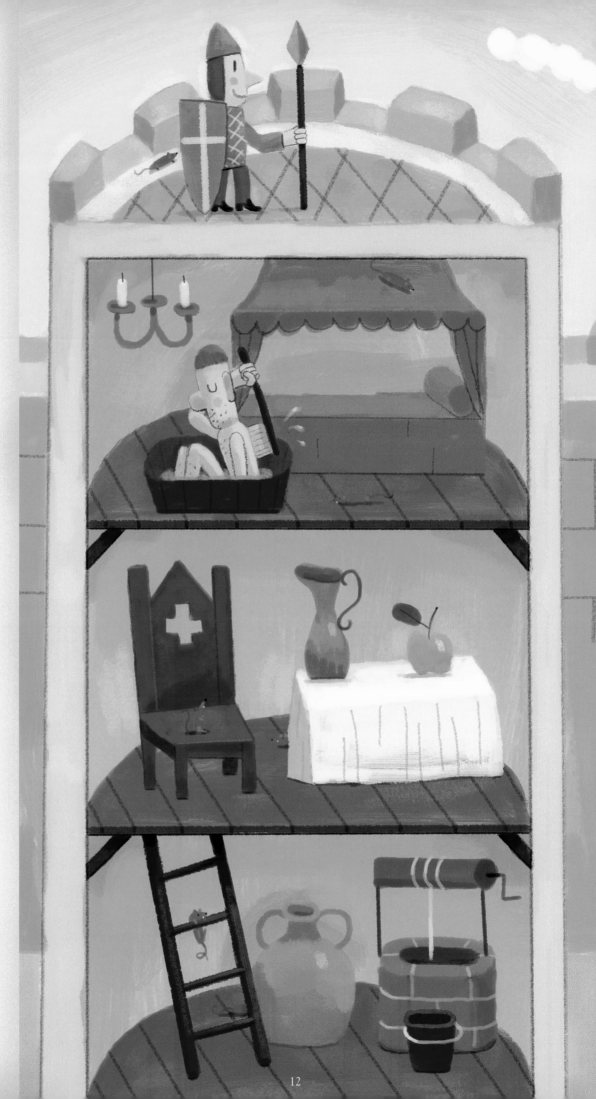

## ELfE

*Il en est des elfes comme des fées. Certains sont grands, d'autres petits.*

*Mais au Royaume de Féérie, qui s'en soucie?*

*Voici l'histoire d'une rencontre enchantée entre un elfe, petit être de la forêt, et une ondine, créature des étangs.*

**Invitation à poursuivre**
Imagine une autre fin pour cette histoire en remplaçant la partie en rouge par ta propre conclusion.

## MAGIE D'UN MATIN D'ÉTÉ

Dans la grande confrérie des elfes, Fil était le plus petit et c'était très bien ainsi. Sinon, comment aurait-il pu se percher sur les corolles des fleurs et sur les frêles pousses de la forêt pour exercer son métier de facteur de parfums? Aux premières lueurs de l'aube, Fil remplissait sa sacoche de tous les parfums du jour que l'Elfe parfumeur avait préparés pendant la nuit. Puis il filait à travers bois pour y éparpiller son précieux bouquet: parfums de fleurs, de terre humide, de mousse; parfums d'herbes et de fougères…

L'elfe était partout à la fois, vif comme un écureuil et léger comme un papillon. Il n'avait pas une minute à perdre, car tous les parfums devaient être livrés avant la première caresse du soleil.

Mais un matin qu'il s'était arrêté près d'un étang pour se désaltérer, Fil échappa sa sacoche dans l'eau. Le pauvre facteur était désespéré, car déjà le soleil commençait à se lever. « Comment vais-je la récupérer, se demandait-il, moi qui ne sais même pas nager ? » Soudain, l'eau frémit, puis s'ouvrit…

Une belle ondine, apparut, souriante et parfumée. C'était la fée Églantine, qui venait à peine de se réveiller. « Tenez », dit la grande fée en remettant à Fil sa sacoche. Fil fut si ému qu'il oublia de la remercier.

Quel charme opéra à ce moment ? Nul ne le sait. On raconte qu'il manqua, ce jour-là, quelques parfums ici et là. Ils étaient restés prisonniers dans les cheveux de la fée. Ce fut le début d'une longue histoire d'amour entre Fil, le petit elfe qui ne savait pas nager et Églantine, la grande ondine qui ne savait pas voler.

## FÉE

*On ne devient pas fée du jour au lendemain. Oh que non ! Les petites fées doivent fréquenter l'école pour apprendre à distinguer les sorts et les enchantements, s'initier au maniement d'une baguette et, surtout, apprendre par cœur toutes les formules magiques afin de devenir de grandes fées diplômées.*

**Invitation à poursuivre**

As-tu envie de jouer à la fée ou au sorcier ? Invente une formule magique pour transformer ton frère ou ta sœur en brocoli. Une autre pour transformer ta mère en petite souris, ton père en ouistiti…

# FIFI LA FÉE

Fifi est une apprentie fée espiègle et curieuse. Elle étudie la magie chez la Grande Maîtresse des fées, qui n'est pas commode. Un jour que la Grande Maîtresse est sortie, Fifi s'empare du grimoire, un livre interdit, et s'amuse à chercher la formule magique qui lui permettrait de changer Pablo le crapaud en beau prince costaud.

Comme Fifi n'est qu'une apprentie, aide-la en répétant les formules à haute voix.

ABRACADABROUC
CHIBOULAG
MAGALOUK
PRINCEBO
PRINCELET
ABRACADABRET !
Et…

ABRACA
DABROC
BIGOULAG
LAGOULOC
VALADROUILLE
DUBALLET
ABRACA
DABRET !
Et…

ABRACA
DABRAC
LADIBROUC
LADÉBRAC
SERPENTIN
SERPENTET
ABRACA
DABRET !
Et…

Pouf ! Oh, oh ! Il n'est pas du tout beau.
Fifi essaie une autre formule :

Pouf ! Non, ce n'est pas ça.
Fifi tourne les pages :

ABRACA
DABRIC
FESSKIPU
FESSKIPIC
SAKAPOU
SAKAPUSSE
ABRACA
DABRUSSE !
Et…

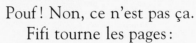

ABRAC
ADABRUC
MALAGRI
LAGRIMUC
GROPITOU
MALAMUTE
ABRACA
DABRUTE !
Et…

Pouf ! Au secours !
Il faut défaire le sortilège :

Pouf ! Oh là là ! Vite avant que la
Grande Maîtresse ne revienne :

ABRACA
DABRA
BRACADI
BACADRA
VICE
VERSA
ABRACA
DABRA !
Et…

Et…
OUF !

Pouf ! Ah zut !
Dépêche-toi Fifi !

Pouf !

# GRIMOIRE

*Des archéologues ont découvert récemment le grimoire de la sorcière Viscosa au fond d'un grenier plein de fils d'araignée. Un grimoire, c'est un livre de magie à l'usage des sorcières et des sorciers. Par chance, tu peux consulter celui-ci.*

*Dans son grimoire, la sorcière Viscosa a inscrit non seulement des formules magiques, mais aussi ses recettes préférées. Pourquoi ne pas les essayer? Mais attention, certaines recettes ne sont pas comestibles!*

**Invitation à poursuivre**
Ajoute des ingrédients pour transformer une recette ordinaire en recette pour gros monstre affamé.

# RECETTES POUR LES JOURS DE FÊTE

## Ailes de chauve-souris croquantes

- 6 ailes de chauve-souris (**ou** ailes de poulet)
- 1/2 tasse de jus de chaussettes de vampire (**ou** sauce soya)
- 2 c. à table de mélasse de sauterelle (**ou** miel ordinaire)
- 1/4 de c. à thé de racine de mandragore moulue (**ou** gingembre en poudre)
- Mélanger les ailes de chauve-souris, la mélasse de sauterelle et la racine de mandragore.
- Faire mariner les ailes de chauve-souris dans le mélange pendant toute la nuit.
- Retirer les ailes de leur marinade et les faire cuire au four à 350 °F pendant 30 à 40 minutes.

## Soupe aux vers et aux doigts de pied

- 2 tasses de jus d'araignées écrasées (**ou** bouillon de poulet)
- 1/4 de tasse de petits vers blancs séchés (**ou** riz à grains longs)
- Trèfles à quatre feuilles (**ou** fines herbes) au goût
- 1 boîte de gros vers dodus ramassés à la pleine lune (**ou** 1 boîte de 14 onces de spaghetti en conserve)
- 1/4 de tasse de doigts de pied en morceaux (**ou** fromage en crottes)
- Verser le jus d'araignées dans une casserole.
- Ajouter les petits vers blancs et saupoudrer de trèfles à quatre feuilles.
- Couvrir et porter à ébullition, puis laisser mijoter à feu doux jusqu'à ce que les petits vers blancs soient bien tendres (env. 20 min.)
- Verser le contenu de la boîte de vers.
- Ajouter les doigts de pied quelques minutes avant de servir.

## Délice à la bave de crapaud

- Verser un peu de bave de crapaud (**ou** sirop de menthe) au fond d'un verre.
- Ajouter du lait de chèvre ensorcelée (**ou** lait de vache).
- Mélanger avec une cuillère.
- À savourer ! Petit goût de vase très rafraîchissant.

## Glaçons répugnants

Remplir d'eau un bac à glaçons. Y ajouter, au goût, des yeux de monstres marins (**ou** bonbons en gélatine rouge, **ou** litchis farcis de bleuets), des crottes de rat géant (**ou** raisins secs) et des vers de terre extralongs (**ou** vers en gélatine).

## Glaçons sanglants

Pour des glaçons sanglants : Attendre que l'eau du bac soit à moitié gelée, puis ajouter une goutte de sang (**ou** colorant alimentaire rouge) par glaçon.

## Glu gluante

**Mise en garde :** Ne pas consommer.

- 1 tasse de rognures d'orteils moulues (**ou** fécule de maïs)
- 1/2 tasse de sueur d'ogre (**ou** eau du robinet)
- Décoction d'écailles de lézard (**ou** quelques gouttes de colorant alimentaire vert et quelques gouttes de jaune)
- Verser les rognures d'orteils dans un bol.
- Ajouter la sueur d'ogre très lentement, une petite quantité à la fois, en mélangeant avec les mains, jusqu'à obtention de la consistance désirée.
- Ajouter la décoction d'écailles de lézard.

**Usage recommandé :** S'en mettre une petite quantité sous le nez, puis la laisser s'écouler pour dégoûter les invités. La tripatouiller lorsqu'on est stressé.

## Potion magique effervescente

**Mise en garde :** Ne pas consommer. Risque de débordement : travailler dans l'évier.

- 1/4 de tasse de poudre de queue de souris séchée et moulue (**ou** bicarbonate de soude)
- 1/4 de tasse d'urine de bouc (**ou** vinaigre)
- 1/4 de c. à thé d'écume d'étang stagnant (**ou** savon à vaisselle)
- Sang de licorne (**ou** colorant alimentaire rouge)
- Verser la poudre de queue de souris dans un verre haut et transparent.
- Verser l'urine de bouc dans un autre contenant. Ajouter l'écume d'étang stagnant et le sang de licorne. Mélanger.
- Verser le mélange d'urine de bouc sur la poudre de queue de souris.

**Usage recommandé :** Les sorcières s'en servent contre les maux d'estomac. Les petits humains la fabriquent pour s'amuser.

# H

## HARICOT MAGIQUE

*Au secours ! L'ogre s'est échappé du conte Jacques et le haricot magique ! Heureusement, on a réussi à tracer son portrait-robot pour le capturer. Observe comment on réalise un portrait en plusieurs étapes, puis crée ton propre dessin.*

### Invitation à poursuivre

1. Connais-tu l'histoire de *Jacques et le haricot magique* ? Amuse-toi à lire ce livre ou demande à quelqu'un de te le lire.

2. Tous les haricots ne sont pas magiques, mais ils poussent tous très vite. Aimerais-tu faire germer des graines de haricot chez toi ? Alors, consulte la page 59.

# UN HARICOT ÉTONNANT !

Dans l'histoire de *Jacques et le haricot magique*, un petit garçon escalade un pied de haricot qui grimpe jusqu'au ciel. Malheureusement, un ogre très cruel habite au sommet. Poursuivi par l'ogre, Jacques réussit à s'enfuir de justesse...

### Où est l'ogre ?

Il s'est échappé de l'illustration… En s'inspirant de la description suivante, voici le portrait que l'illustratrice a tracé.

**Visage en forme d'œuf**

**Yeux qui louchent**

**Sourcils ébouriffés**

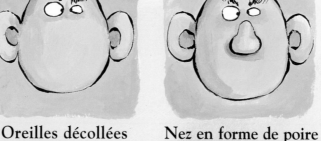

**Oreilles décollées**

**Nez en forme de poire**

**Cheveux hérissés**

**Bouche aux dents jaunes**

**Triple menton**

**Boucle d'oreille**

**À ton tour...**

À partir de la description ci-dessous, dessine une vilaine sorcière en plusieurs étapes.

- Visage en triangle
- Yeux ronds comme des billes
- Sourcils en forme de serpent
- Oreilles pointues
- Nez crochu avec deux verrues
- Cheveux en broussaille
- Bouche grimaçante à moitié édentée
- Long menton avec quatre poils noirs
- Chapeau pointu

# Î

## ÎLE

Les îles désertes étaient autrefois des repaires de pirates. Ils y cachaient leurs trésors en prenant bien soin de dessiner sur une carte le trajet pour s'y rendre. Parviendras-tu à atteindre le trésor à l'aide de cette carte ?

### Jeu de l'île au trésor

- **Nombre de joueurs :** 2 à 4
- **Matériel :** 1 dé, 1 pion par joueur.
- **Objectif :** être le premier à atteindre le trésor marqué d'une croix sur la carte.

Lance le dé et avance le pion en comptant les pas.

### Invitation à poursuivre

Déguise-toi en pirate, fabrique-toi une épée, invente-toi un nom terrible de pirate et dessine ta propre carte au trésor...

départ

Tu as goûté au rhum antillais dont raffolent les vilains pirates. **Recule de 6 pas.**

Tu as reçu une noix de coco sur la tête. **Passe ton tour.**

Un crabe t'a pincé un orteil. **Recule de 3 pas.**

Invente une histoire de pirate avec les mots : BATEAU, REQUIN et JAMBE DE BOIS. **Avance de 4 pas.**

Es-tu aussi fort qu'un vrai pirate ? **Saute à cloche-pied 10 fois sans tomber et avance de 7 pas si tu réussis.**

Tu as trouvé une boussole. Bravo ! **Relance le dé.**

Jack le balafré te provoque en duel. Fais-lui ta plus horrible grimace et il se sauvera. **Avance de 5 pas.**

Tu as oublié la pelle pour déterrer le trésor. **Recule de 7 pas.**

Imite la voix du perroquet qui dit: «Je suis le perroquet de Riquet le pirate. Cric, croc, boum, crac, grosse patate!!!» **Avance de 5 pas.**

Tu as attrapé la fièvre jaune. **Passe ton tour.**

Invente une chanson de marin avec les mots: PIRATE, ÎLE et TRÉSOR. **Avance de 8 pas.**

Tu as les deux pieds dans les sables mouvants. **Passe ton tour.**

Des rats ont grignoté ta culotte et on voit tes fesses. **Recule de 5 pas.**

Trouve les quatre têtes de mort dissimulées sur la carte. **Avance de 5 pas.**

Tu as dis un gros mot pour faire comme les vrais pirates. **Recule de 5 pas et surveille ton langage!**

Tu as trouvé une pièce d'or. **Relance le dé.**

*arrivée*

# JAVELOT

*Chevaliers et princesses mènent une vie bien dangereuse lorsqu'il y a un dragon dans les environs… Heureusement, nul ne peut résister au javelot enchanté !*

*En cherchant dans l'illustration, tu trouveras les solutions des quatre devinettes.*

**Solutions :** p. 59

**Invitation à poursuivre**

Regarde bien cette image : un chevalier, javelot à la main, tente de délivrer une princesse. Que s'est-il passé avant ? Qu'arrivera-t-il ensuite ? Invente une histoire à partir de l'image.

### Qui suis-je ?

1. Je couve ou je rugis.
   Mais ne suis ni poule ni lion.
   Pas assez à manger, je dépéris.
   Trop à boire, aussi.

### Qui suis-je ?

2. Gris, c'est la pluie.
   Blanc, le beau temps.
   Je vais, je viens.
   Qui sait où je serai demain…

**Qui suis-je ?**

3. Nu l'hiver.
   Vêtu l'été.
   Toujours debout.
   Mais incapable de marcher.

**Qui suis-je ?**

4. Mon premier a des moustaches.
   Mon second n'est jamais tard.
   Mon tout est la maison d'un roi.

# KORRIGAN

*De tous les petits êtres du Royaume de Féérie (lutins, fées, farfadets, gnomes…), les affreux korrigans sont les plus malicieux. S'il est vrai que tous sont méchants, il convient cependant de préciser qu'en matière de méchanceté, chacun a sa spécialité. Voici une brochette de ces sinistres personnages…*

# KORRIGANS, PETITS CHENAPANS !

Menteurs, voleurs, destructeurs, joueurs de tours, les korrigans sont hideux et repoussants, tordus et grimaçants. Les plus inoffensifs sont de méchants plaisantins ; les plus dangereux, des créatures cruelles et sans pitié.

Rien de plus inquiétant que le ricanement d'un korrigan. Il donne la chair de poule et glace jusqu'au sang. Qui entend rire un korrigan doit savoir que si rien de terrible ne lui est encore arrivé, cela ne va pas tarder…

### Filou, le korrigan chapardeur

S'empare de tout ce qui n'est pas rangé dans la maison à la tombée de la nuit : bicyclettes, ballons, vêtements sur la corde à linge…

### Tohubohu, le korrigan tapageur

Adore danser la gigue, taper du pied, brasser des casseroles et jouer aux quilles sur les planchers des maisons…

### Cancan, le korrigan indiscret

Épie dans le trou des serrures. Se dissimule dans les armoires pour écouter les secrets, puis prend plaisir à les répéter.

### Rasemotte, le korrigan saccageur de jardin

Ennemi des jardiniers. Détruit les plates-bandes et les potagers, plante des mauvaises herbes, attire les pucerons et les limaces.

## Cric-crac, le korrigan inquiétant

Se glisse dans le lit des dormeurs pour les pincer ou les chatouiller, ou encore pour leur souffler des cauchemars à l'oreille.

## Mélimélo, le korrigan emmêleur

Emmêle et tresse les cheveux des dormeurs, les lacets de chaussures, la laine des tricoteuses et les cordes à danser des enfants.

## Gripsou, le korrigan avare

Vide les portefeuilles des parents et les tirelires des enfants, puis enterre l'argent volé sous des collines et le garde jalousement.

## Rikiki, le korrigan moqueur

Se réjouit de tous nos petits malheurs. On l'entend ricaner lorsqu'on échappe un cornet de crème glacée dans la saleté.

## Goulu, le korrigan gourmand

Dévore le contenu des garde-manger. Engloutit le dessert des enfants, qu'il remplace par des légumes en purée.

## Loustic, le korrigan farceur

Adore jouer des tours pendables : mettre du sel dans le lait au chocolat, de la moutarde dans le glaçage à gâteau...

## Schnock, le vieux korrigan rusé

Connaît tous les trucs et toutes les astuces qui font la renommée des korrigans et les enseigne aux jeunes sans expérience.

## Pouacre, le korrigan dégoutant

Fait des dégâts et laisse des traces de saleté partout. Prend plaisir à renverser des liquides collants dans la cuisine.

## Invitation à poursuivre

Personne ne sait comment s'appelle ce korrigan, ni quelle est sa spécialité. À toi de lui trouver un nom et de décrire les bêtises qu'il fait.

# LICORNE

*Des bruits de sabots dans
la nuit… C'est une licorne.*

*Elle s'arrête un instant,
semble flairer le vent.*

*Douce et blanche licorne,
immobile sous la lune.*

*Qui sait d'où tu viens ?
Qui sait où tu vas ?*

*Mystérieuse et sauvage
licorne, à peine vue,
déjà disparue…*

**Invitation à poursuivre**

Que fait cette licorne seule
dans la forêt ? S'est-elle
égarée ? Est-elle poursuivie
par des chasseurs ? A-t-elle
rendez-vous ? Avec qui ?

Pénètre dans la forêt
enchantée avec la licorne
et invente-lui une histoire.

# MONSTRE

Les monstres sont laids, c'est bien connu. Mais il ne faut pas croire que ça les gêne. Au contraire, ils sont très fiers de leur laideur. Les nez crochus, mentons fourchus et autres verrues poilues sont à leurs yeux du plus bel effet. Pour tout dire, ils ont horreur de la beauté.

*La famille du Moisi en est un bel exemple… Ou devrait-on dire un AFFREUX exemple ?*

Solutions : p. 59

### Invitation à poursuivre

Le grand-oncle de Momoche est vraiment très laid. Il s'appelle Fanfaron du Moisi. Il a le visage vert, quatre yeux rouges, trois cornes, deux grandes canines et une trompe. À toi de le dessiner.

## LA GALERIE DES MONSTRES

La famille du petit Momoche du Moisi réunit de nombreux personnages affreusement monstrueux. Peux-tu trouver les parents de Momoche dans la galerie de tableaux ? Associe la description de chacun des membres de la famille à son portrait.

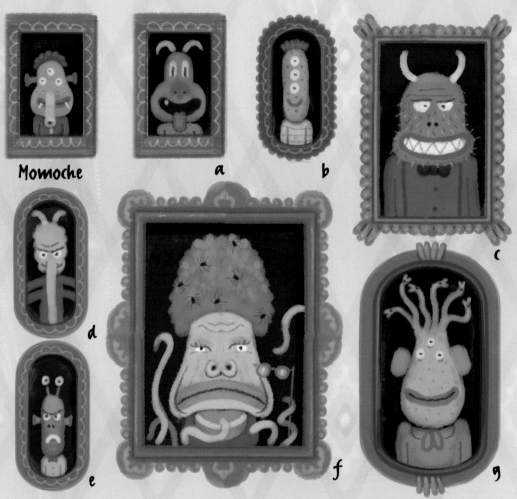

1 Popoche, le père de Momoche, a une trompe recouverte de 15 verrues poilues à la place du nez. Il a la même chevelure mauve que son fils.

2 Pomponne, sa mère, a trois yeux hideux vert-vomi et des oreilles en trompette.

3 Grand-père Pustule porte des lunettes et ses deux canines pointues sont très apparentes.

4 Grand-mère Boudine a un gros œil globuleux, de longues oreilles pointues et deux minuscules trous en guise de nez.

5 Grand-père Fétide, surnommé Fétide-le-puant, a deux cornes ridicules sur la tête et une petite barbichette de bouc.

6 Grand-mère Bébitte a une grande bouche, quatre grandes canines et deux vilaines cornes sur la tête.

7 Oncle Tapoche a le visage poilu, deux cornes, et les mêmes dents jaunes et pointues que son frère Popoche.

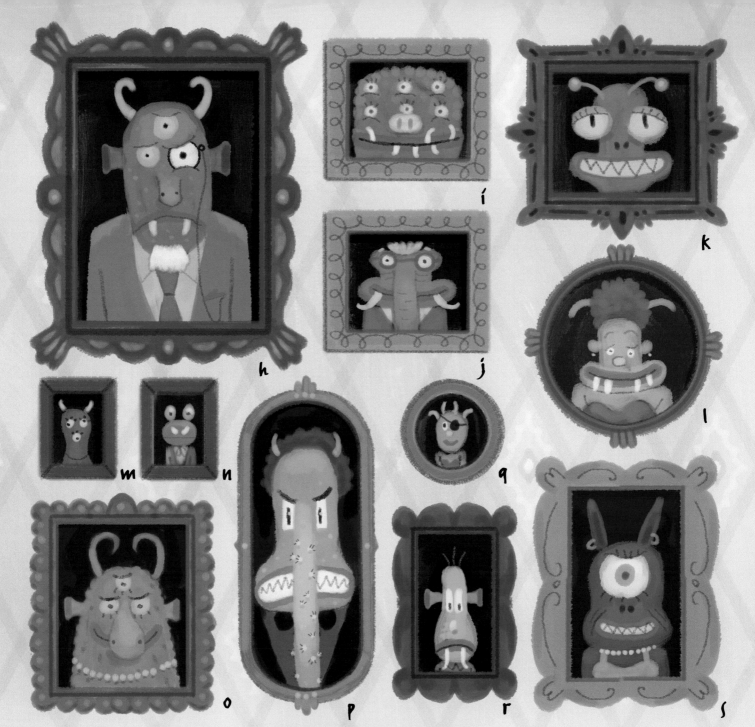

**8** Oncle Pompon, le frère de Pomponne, a quatre yeux, dont deux au bout de ses antennes.

**9** Tante Bougonne a six longs tentacules visqueux et des araignées dans les cheveux.

**10** Tante Mignonne n'a de mignon que le nom. Elle possède trois paires d'yeux, un museau de cochon et six dents crochues.

**11** Cousin Frigo n'a pas de nez mais six serpents en guise de cheveux.

**12** Cousin Piton a trois yeux et plein de boutons.

**13** Cousine Tartine a la peau bleue et deux antennes repoussantes au front.

**14** Cousine Poutine a quatre cornes et un œil crevé.

**15** Cousin Gredin a une trompe, tout comme Popoche et Momoche, et le visage recouvert d'un pelage vert-de-gris.

**16** Cousin Machin a la tête en forme de poire et les mêmes oreilles que Fétide-le-puant.

**17** Cousine Machine a trois yeux qui louchent, mais ni nez ni bouche.

**18** Oncle Barbouille a une seule dent et la langue qui pendouille.

**19** Cousin Batracien a deux petites cornes qui lui sortent des narines et deux grands yeux exorbités.

## NAIN

*Les nains sont peut-être des créatures de petite taille, mais quels grands travailleurs ! Tout le jour, ils s'affairent à façonner les métaux. Les nains forgerons ne craignent ni les dangers, ni les fortes chaleurs. Pas étonnant que l'on fasse souvent appel à eux pour combattre les dragons…*

### Invitation à poursuivre

Sept nains sont devenus célèbres grâce à un conte de Grimm. Lequel ? Voici quelques indices :

Mon premier se dit d'une page sans les mots.

Mon second disparaît quand il fait chaud.

Mon tout a été trahi par un miroir trop bavard.

Solution : p. 59

# SOUS LA TERRE AVEC LES NAINS

D'où viennent ces bruits de marteau ? Ce sont les nains qui habitent les « royaumes du dessous ». Les voici en pleine action. Entre dans la ronde des nains en récitant la comptine à voix haute, puis essaie d'en apprendre des passages par cœur. Tu verras, c'est aussi facile que de retenir les paroles d'une chanson…

# La ronde des nains

Sept nains forgerons,
Bonnets pointus et ventres ronds,
Sous la terre, battent le fer.

Le premier fait des clés.
Le second des chaudrons.
Le troisième des épées.
Le quatrième des poêlons.
Le cinquième des chandeliers.
Le sixième des canons.
Le septième, tonton tontaine,
Forge des chansons.

Sept nains forgerons,
Bonnets pointus et ventres ronds,
Rentrent à la maison.

Le premier prend la clé
Sous le paillasson.
Le second cuit la fricassée
Dans un chaudron.
Le troisième d'un coup d'épée
Tranche le melon.
Le quatrième fait des œufs brouillés
Dans un poêlon.
Le cinquième sort les chandeliers
Et les napperons.
Le sixième annonce le souper
D'un coup de canon.
Le septième, tonton tontaine
Joue du mirliton.

Sept nains en caleçons,
Bonnets pointus et ventres ronds,
S'en vont ronfler sous l'édredon.
1-2-3-4-5-6… Oh pardon !
Le septième, tonton tontaine,
Est parti danser
Le rigodon.

# OGRE

L'ogre, c'est bien connu,
dévore les enfants tout crus.
Celui-ci vient de prendre
un bon repas. Par malheur,
c'est toi qu'il a avalé !

Suis bien les consignes pour
empêcher le gros ogre gras
et glouton de te digérer.

Répète les mots « gros
ogre gras » pour rire !

**Invitation à poursuivre**
En t'inspirant du menu de
l'ogre, invente un menu pour
un autre personnage qui a
des goûts très particuliers :
le vampire...

## CHEZ L'OGRE GRAS
### MENU

**Entrée**
Pâté d'écoliers fumés sur canapés

**Plat principal**
Mijoté de petite fille à la sauce rosée
Petit garçon en croûte
Troupeau de vachettes en brochette
Pommes de terre sautées aux doigts de pied

**Dessert**
Grands-pères
au sirop d'érable

1. Tu rencontres une enzyme. Raconte-lui une histoire drôle pour l'inactiver. L'enzyme perd tous ses moyens lorsqu'elle rit.

Toi

Tes amis

2. Chante une berceuse, par exemple, Fais dodo, Colas mon p'tit frère, pour ralentir la digestion de l'ogre.

3. Les sucs digestifs attaquent ! Fais-leur une horrible grimace pour les effrayer.

6. Un broyeur tente de te déchiqueter. Répète 3 fois cette formule pour le faire tomber en panne : « Badaboum et patatras ! Broyeur arrête-toi ! »

4. Prends garde, le tube digestif rétrécit. Rampe en répétant 3 fois cette formule qui te fera rapetisser : « Petit, pitchounet, tout petit je me fais. »

5. Attention, ça brasse ! Tourne 5 fois sur toi-même sans tomber.

7. Bientôt la fin… OUF ! Pince ton nez, ferme la bouche et compte mentalement jusqu'à 10.

9. Pour sortir, répète 5 fois la formule suivante : « Le gros, grand ogre gras m'a grignoté, mais ne me digérera pas. » Si tu te trompes, il faut recommencer.

Bravo, tu as réussi !

8. Imite un bruit d'un pet d'ogre !

# PRINCESSE

*Qui a dit que toutes les princesses se ressemblent ? En fait, il existe une multitude de princesses : des rêveuses, des mystérieuses, mais aussi des voyageuses, des tapageuses et des aventureuses. Toutes sont des charmeuses. Quelle est ta préférée ?*

**Invitation à poursuivre**

Invente ta propre princesse. Décris-la, donne-lui un nom, puis dessine son portrait.

# BOUQUET DE PRINCESSES

**Princesse Modèle**

**Traits de personnalité :** Coquette, douce et romantique. Un peu timide.

**Habitat :** Chambre rose, tendue de soie et de velours, dans la plus haute tour d'un château luxueux.

**Préférences alimentaires :** Mignardises, friandises et petits gâteaux sucrés.

**Passe-temps :** Se faire belle. Cueillir des fleurs. Soupirer. Attendre le prince charmant.

**Princesse Non-Pareille**

**Traits de personnalité :** Insaisissable et mystérieuse. N'est jamais tout à fait là ni tout à fait ailleurs.

**Habitat :** Adresse exacte inconnue.

**Préférences alimentaires :** Plats légers, crémeux ou mousseux : blanc-manger, mousse à la vanille, crème fouettée…

**Passe-temps :** Se déguiser. Écrire des chansons très douces avec de l'encre invisible. Observer les étoiles.

## Princesse Charivari

**Traits de personnalité :** Renommée pour ses éclats de voix et son rire tonitruant.

**Habitat :** Châtelet rempli d'invités, dans une ville surpeuplée, à proximité d'une voie ferrée.

**Préférences alimentaires :** Adore les topinambours parce que ça rime avec tambour.

**Passe-temps :** Chanter à tue-tête. Jouer de la grosse caisse. Organiser des feux d'artifice.

## Princesse Pérégrine

**Traits de personnalité :** Toujours en voyage ou entre deux voyages.

**Habitat :** Hôtels luxueux ou miteux, tipi, yourte, caravane… Vit « dans ses valises ».

**Préférences alimentaires :** Sauterelles frites, viande de phoque crue ou tout autre plat très exotique.

**Passe-temps :** Tenir son journal de voyage (déjà 10 000 pages !). Collectionner les cartes géographiques.

## Princesse Marie-Tonnerre

**Traits de personnalité :** Aime l'action, les tempêtes et les embruns.

**Habitat :** Sillonne inlassablement les mers à bord de son trois-mâts.

**Préférences alimentaires :** Soupe à la tortue et steak de baleine. Un petit verre de rhum au coucher.

**Passe-temps :** Apprendre des « gros mots » à son perroquet. Grimper au sommet du grand mât pour se faire fouetter par les vents.

# QUEUE DE DRAGON

*On t'a sûrement déjà dit que les dragons sont des monstres énormes et effrayants, qui crachent le feu. Mais savais-tu qu'ils peuvent aussi être charmants et même très attachants ?*

*Voici ce que tu as toujours voulu savoir sur les dragons, de la queue à la tête, et de l'enfance à la vieillesse…*

### Invitation à poursuivre

Imagine que tu as reçu un dragonnet de compagnie pour ton anniversaire et que tu veux envoyer son portrait à un ami. Peux-tu dessiner le portrait de ton dragonnet ?

Quel nom lui donnerais-tu ?

# LES DRAGONS, CES MONSTRES MÉCONNUS

Comme tous les reptiles, les dragons sont issus d'un œuf. On dit que c'est la queue qui sort en premier. Si la queue est fourchue, le dragon est promis à un brillant avenir.

### Enfance

L'enfance d'un dragon dure quelques centaines d'années. Cela fait beaucoup d'années à écouter ses parents.

Les dragonnets sont gentils et doux. Ils mangent tous leurs légumes, même les brocolis trop cuits, rangent leur chambre et vont se coucher sans rouspéter.

### Adolescence

Ce n'est qu'à l'adolescence, vers l'âge de 500 ans, qu'ils deviennent des monstres insupportables.

Le dragolescent passe la moitié de la journée à dormir et l'autre à jouer à des jeux vidéo, à écouter de la musique à plein volume ou à « clavarder ».

### Âge adulte

Le dragolescent devient adulte vers l'âge de 1 000 ans.

Certains dragons ont plusieurs queues. Ceux qui ont la mauvaise habitude d'agiter la queue lorsqu'ils sont contents trouvent cela très embêtant.

### Vieillesse

Les dragons vivent entre 3 000 et 10 000 ans.

Les vieux dragons passent beaucoup de temps à se bercer au coin d'un feu qu'ils ont eu, parfois, beaucoup de difficulté à allumer.

## Racontars sur les dragons

Les dragons adultes ont très mauvaise réputation. On dit qu'ils menacent de détruire le pays si on ne leur livre pas une princesse à dévorer. Mais plusieurs chevaliers appelés à la rescousse d'une princesse l'ont trouvée à la table du dragon, en train de prendre le thé avec des petits sablés. Les dragons adorent tout simplement la compagnie des princesses. Peut-on les en blâmer ?

## Dragonnet de compagnie

De nombreux petits humains réclament un dragonnet comme animal de compagnie.

Les dragonnets sont très jaloux. Chats, chiens, cochons d'Inde, hamsters et lapins disparaissent mystérieusement dès qu'un dragonnet entre dans la maison.

Les humains doivent se défaire de leur dragonnet dès qu'il prend un peu trop de place dans la maison.

# R

## RENNE

Il reste encore 25 jours avant Noël. C'est trop long ! Le renne Rudolphe te propose un jeu en forme de R, la première lettre de son nom, pour patienter jusqu'au grand jour.

**Jeu du renne**

- **Nombre de joueurs :** 2
- **Matériel :** 1 dé, 1 pion par joueur
- **Objectif :** être le premier à arriver au 25 décembre

Lance le dé, avance du nombre de cases indiqué et suit les indications.

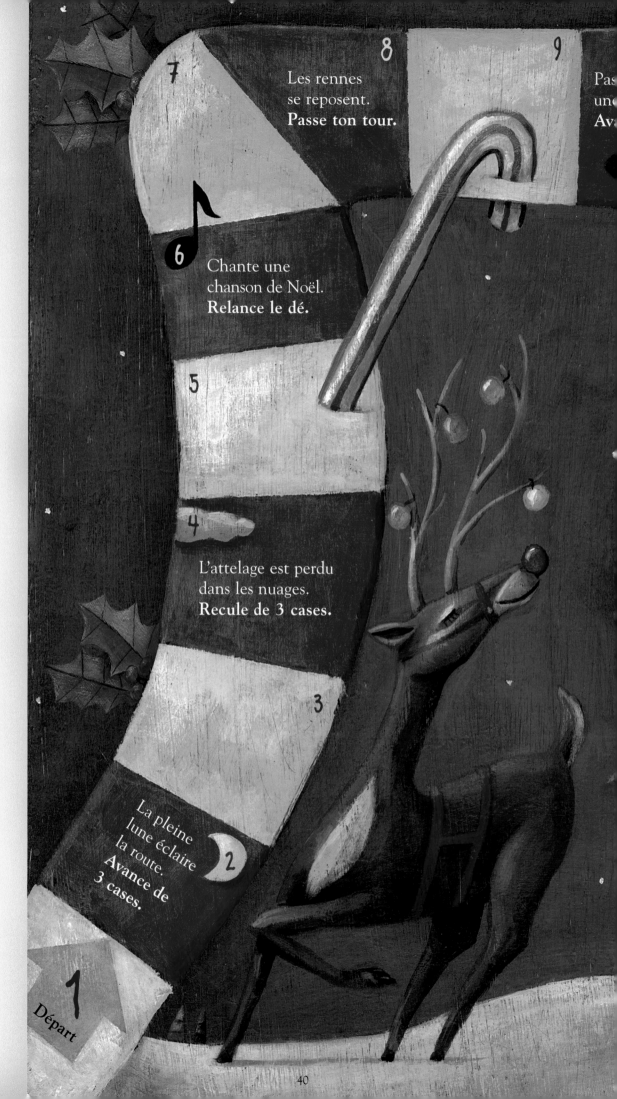

7

8

**Les rennes se reposent. Passe ton tour.**

9

Pa
un
Av

6

Chante une chanson de Noël. **Relance le dé.**

5

4

L'attelage est perdu dans les nuages. **Recule de 3 cases.**

3

2 La pleine lune éclaire la route. **Avance de 3 cases.**

1 Départ

**10**

**11**

**12**

secret sous
...ntagne.
...de 3 cases.

Le Père Noël a trop
mangé de biscuits.
**Recule de 5 cases.**

**13**

Un grand vent
pousse l'attelage.
**Avance de 5 cases.**

# SUR LES TRACES DE RUDOLPHE

Lorsqu'il sillonne le ciel pendant la nuit de Noël, le traîneau du
Père Noël est tiré par un attelage de neuf rennes. Le premier et le plus
célèbre, c'est Rudolphe, le renne au nez rouge. Grâce à son nez lumineux,
il guide le traîneau du Père Noël dans l'obscurité.

**14**

**20**

Une étoile filante
traverse le ciel.
**Fais un vœu
et relance le dé.**

**19**

Le Père Noël est
resté coincé dans
une cheminée.
**Passe ton tour.**

**15**

**21**

Les rennes
ont bu de la
potion magique.
**Avance de 3 cases.**

**18**

Violente tempête
de neige.
**Retourne à la
case Départ.**

**16**

**17**

**22**

**23**

Des cadeaux sont
tombés du traîneau.
**Recule de 5 cases.**

**24**

Arrivée.
C'est Noël !

**25**

# SORCIÈRE

Voici l'occasion rêvée de découvrir une vraie sorcière dans son intimité. Notre photographe a réussi à prendre quelques clichés, que nous te livrons en exclusivité.

**Invitation à poursuivre**

Dessine la sorcière Vilénie en train de se livrer à une autre activité.

# LA FACE CACHÉE DE LA SORCIÈRE

Pour travailler, les sorcières portent un uniforme, comme les policiers. Robe, chapeau, bottines et hop ! Elles sont prêtes pour le boulot ! Sur un balai, cet uniforme est du plus bel effet… Mais c'est dans la vie privée que les sorcières révèlent leur vraie personnalité.

La sorcière à l'heure du bain

La sorcière Vilénie raffole des bains parfumés. N'est-elle pas mignonne avec sa camisole à fleurs et ses jarretelles ? Détail intéressant : l'anneau doré au nombril. Découverte renversante : la sorcière porte un tatouage !

En soirée, la sorcière Vilénie aime bien, comme tout le monde, sortir pour s'amuser. Quelle allure sophistiquée ! À la main, elle tient un verre au contenu non identifié. Sang de dragon ? Élixir de séduction ? Potion énergisante pour danser sans se fatiguer ? Qui sait…

La sorcière faisant la fête

La sorcière à la plage

C'est un secret bien gardé, mais la sorcière Vilénie adore construire des châteaux de sable, se faire bronzer et pique-niquer. Ouille ! L'eau est glacée ! À la plage, elle remplace volontiers son balai par un parasol, mais conserve son chapeau pointu, en version « allégée ».

La sorcière à l'heure du dodo

Ici, notre photographe a utilisé une caméra spéciale pour prendre des photos dans l'obscurité.

La sorcière Vilénie ne va jamais au lit sans son toutou chéri. Sur la table de nuit, un verre de lait et un biscuit. Chut ! Elle s'est endormie…

# TALISMAN

*Quand dans la sombre nuit,*
*un sinistre trio*
*trame de noirs complots…*

*Talisman, porte-bonheur,*
*je te serre précieusement*
*sur mon cœur.*

*Seul, tu as le pouvoir*
*d'éloigner les maléfices*
*et de vaincre la peur.*

**Invitation à poursuivre**

Voici la première phrase
d'une histoire. Libre à toi
d'en inventer la suite…

À la mort de ses parents,
Agnès a reçu pour tout
héritage un médaillon dont
elle ne se sépare jamais…

# Usine du père Noël

Jean-Christophe a fait parvenir au Père Noël sa liste de cadeaux. Voici ce qu'elle contient :

- un tambour
- un globe terrestre
- un tricycle
- une toupie
- une guitare
- une raquette de tennis
- un hélicoptère
- deux patins à roulettes

Peux-tu aider les lutins à retrouver les cadeaux de Jean-Christophe dispersés dans l'usine du Père Noël ?

Solutions : p. 59

**Invitation à poursuivre**

Dessine trois autres jouets que tu aimerais recevoir.

# VAMPIRE

*Un sinistre personnage se glisse dans l'obscurité. C'est le vampire, une sorte de fantôme qui vit dans un cercueil d'où il ne sort que la nuit. Les vampires adorent le sang. Pendant leurs loisirs, ils lisent leur magazine préféré, Jugulaire. Nous avons réussi à mettre la main sur un exemplaire. Quelle veine !*

**Solution :** p. 59

**Invitation à poursuivre**
Pas nécessaire d'attendre l'Halloween pour te déguiser en vampire. Une cape noire, un peu de maquillage et le tour est joué…

---

*Jugulaire, le seul hebdomadaire destiné aux vampires (et à ceux qui rêvent de le devenir…)*

Vous rêvez en secret d'une carrière de vampire ? Voici un quizz qui vous aidera à déterminer si ce métier vous convient.

## ÊTES-VOUS FAIT POUR ÊTRE VAMPIRE ?

**1. Vous aimez les gens :**
A. Qui sont travailleurs.
B. Qui ont un long cou.
C. Qui ont de grands yeux mystérieux.

**2. Votre idée d'une bonne nuit :**
A. Dormir comme une bûche.
B. Sortir furtivement dans l'obscurité.
C. Rêver que vous êtes un oiseau.

**3. Votre juron, quand vous êtes fâché :**
A. Tabarouette !
B. Bon sang !
C. Diantre !

**4. Pour vous déplacer, vous rêvez de posséder :**
A. Une camionnette.
B. Un corbillard.
C. Un cheval blanc.

**5. Votre activité de vacances préférée :**
A. Construire un abri en forêt.
B. Visiter une caverne.
C. Admirer un coucher de soleil.

**6. Votre héros favori :**
A. Superman.
B. Dracula.
C. Lancelot du Lac.

Pour en savoir plus sur les écoles de vampires, composez, entre minuit et cinq heures, le numéro sang frais : 1 800 100-100.

## Petites annonces

PERDUE, chauve-souris apprivoisée répondant au prénom de Claudette. Récompense.

À VENDRE, cercueil en très bon état. Raison : décès.

GARDERIE SANG-SOUCI, ouverte toute la nuit. Confiez-nous vos petits chéris.

# Événements
## Jugulaire a visité pour vous...

Le Salon du cercueil : un événement très hanté cette année. À retenir cette saison :

Pour les indépendants, le modèle auto-transportable, avec poignées intérieures.

Pour les ados, le modèle avec écran de jeu vidéo.

Pour les mélomanes, le modèle avec haut-parleurs diffusant une musique d'ambiance.

Pour les amateurs de sensations fortes, le modèle motorisé.

Pour les groupes, le modèle assez grand pour recevoir des amis.

Pour les écolos, le modèle fait de matériaux recyclés.

## Métamorphoses

Soyez un vampire qui a du style ! Quelques trucs pour une métamorphose réussie.

La crème de jour « Dernière heure », à appliquer avant d'aller au tombeau. Teint livide garanti en deux semaines.

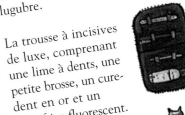

Le rehausse-cernes « De profundis », pour un regard irrésistiblement lugubre.

La trousse à incisives de luxe, comprenant une lime à dents, une petite brosse, un cure-dent en or et un dentifrice fluorescent.

Le parfum « Doux frisson », à odeur de terre humide fraîchement remuée.

# WARKBEURK

*Comme la lettre «W», les Warkbeurks sont de grands oubliés. Ces monstres peu bavards et mal élevés ont pourtant leur utilité…*

### Invitation à poursuivre

Compose un menu «Bon» et un menu «Beurk». Tu peux, au besoin, puiser dans la liste suivante : crème glacée, navet bouilli, fraises fraîches, yogourt, fromage Petipet, poulet grillé, rôties noircies, confiture, moutarde, lait, fromage Toudou, jus de pomme, bâtonnets de carotte, bananes noircies, arachides, céréales Tructoumou.

# À TABLE AVEC LES WARKBEURKS

Les Warkbeurks sont les plus capricieux des monstres. Ils sont même pires que la plupart des enfants ! Il est vrai qu'ils n'ont pas de parents pour leur répéter : « Mange ! C'est bon pour la santé ! »

Les Warkbeurks ne connaissent que deux mots : « BON » et « BEURK ». Ils trouvent que c'est bien suffisant.

Pour faire la conversation avec un Warkbeurk, il faut beaucoup d'imagination.

### Les Warkbeurks en visite

Les Warkbeurks ne sont pas très bien élevés. Lorsqu'on les invite à dîner, ils arrivent à l'heure, mais jamais sans leur aspirateur-recracheur.

Ils le gardent à portée de la main et n'hésitent pas à l'utiliser lorsqu'on leur sert un aliment qu'ils trouvent repoussant. Pire encore, ils le font sans la moindre discrétion !

Leur jugement est sans appel. Dès qu'un Warkbeurk prononce le mot « BEURK ! », il met en marche l'aspirateur-recracheur. C'est un appareil très facile à utiliser. Il n'a que deux boutons : A (pour aspirer) et R (pour recracher).

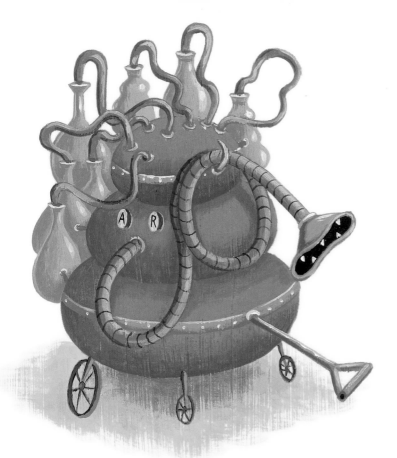

## Les Warkbeurks recycleurs

Une fois les aliments « recrachés » par l'appareil, les Warkbeurks s'amusent parfois à les recycler de façon inusitée. Voici quelques exemples qui montrent bien que ces monstres ne sont pas dépourvus de créativité.

**Purée de pomme de terre détrempée**

**Petits pois à saveur de congélateur**

**Brocoli ramolli**

**Boulettes peu apétissantes**

**Pot de colle tout usage**

**Joli collier**

**Garniture de chapeau**

**Boules de Noël**

## Un Warkbeurk au travail

Comme les Warkbeurks sont encore plus capricieux que les enfants, les fabricants font souvent appel à eux pour tester les aliments. Si un Warkbeurk trouve qu'un aliment est bon, ça veut dire que les enfants en raffoleront…

Le sceau de qualité « Warkbeurk » est très recherché. Il garantit que même un enfant terriblement capricieux videra toute son assiette.

## « Bon » ou « Beurk » ?

Peux-tu aider le Warkbeurk ? Pour chacun des aliments qui défilent sur la courroie, tu dois décider s'il est « BON » ou « BEURK ».

# X

## (POUR DES BAISERS)

Des X, comme autant de baisers emportés par le vent, de Xavière à Xavier.

Où vont-ils se poser ? Certains, peut-être, continueront très longtemps à flotter dans l'air d'été et rendront un peu fous ceux qu'ils toucheront à la joue…

**Invitation à poursuivre**
Imagine l'histoire de l'homme debout près de l'arbre. Où va-t-il ? Pourquoi ? Est-il triste ou heureux ? Que lui arrivera-t-il ?

# YÉTI

Une créature mystérieuse et couverte de poils hante les hautes montagnes. C'est le yéti, aussi appelé « l'abominable homme des neiges ». On le voit rarement, mais il laisse de gigantesques traces de pas dans la neige.

Trouve les cinq intrus dans ce tableau, c'est-à-dire les éléments qui ne devraient pas être là.

**Solution :** p. 59

**Invitation à poursuivre**
Une bande dessinée bien connue met en scène un yéti plutôt sympathique. C'est *Tintin au Tibet*, d'Hergé. Un album à découvrir…

# ZYRCOPOND

Dans des grimoires anciens, sur de vieux parchemins, dans des lettres parfumées, sur des bouts de papier, son nom surgit parfois : ZYRCOPOND.

Mais qu'est-ce, au juste ? Même les dictionnaires ne s'entendent pas sur la définition. Voici quelques propositions…

**Invitation à poursuivre**

Un zyrcopondologue très savant a consacré toute sa vie à étudier la question, mais il n'a toujours pas trouvé la réponse…

Imagine ton propre zyrcopond et dessine-le.

## MYSTÉRIEUX ZYRCOPOND

Monstre marin dont les énormes tentacules emprisonnent les navires. *« Marins, gare au zyrcopond par les nuits de pleine lune ! »*

Nom commercial d'un onguent utilisé par les nains forgerons pour soulager leurs douleurs musculaires. *« Rien de tel qu'une friction au zyrcopond après un dur labeur. »*

Papillon nocturne qui accompagne souvent les vampires. *« Lorsqu'un zyrcopond pénètre dans une maison, il n'arrive jamais seul… »*

Oiseau exotique dont le chant ravit les princesses.

« *Le chant du zyrcopond est doux à mon oreille.* »

Chapeau à trois cornes porté par certains trolls pour dormir la tête en bas.

« *Un vieux troll au zyrcopond aplati par les longues nuits.* »

Odeur caractéristique des pieds d'un ogre.

« *Ouf ! Ça sent le zyrcopond ici !* »

Troisième œil chez certains ogres.

« *Son zyrcopond louche dangereusement dans ma direction.* »

# SOLUTIONS

## ANNEAU MAGIQUE

1. Fumée fantôme
2. Sorcière dans l'arbre
3. Serpent
4. Champignons carnivores
5. Lutin mauvaise herbe
6. Visage dans l'arbre
7. Anneau magique
8. Arbuste en forme de cerf et de loup (pour voir le cerf, il faut tourner légèrement le livre)
9. Ombre d'un petit loup
10. Deux yeux dans l'obscurité
11. Chevalier sur sa monture
12. Monstre dans les branches
13. Petits elfes protecteurs
14. Sirènes

## BOTTES DE SEPT LIEUES

## DONJON

## COURONNE

La traîne du roi est une « traîne cache-amis », bien commode lorsqu'il s'ennuie. Il lui suffit de la soulever pour avoir de la compagnie.

## HARICOT MAGIQUE

Pour faire germer des graines de haricot, tapisse le fond d'un bocal avec de la ouate humide. Dépose-y les haricots. Au bout de quelques jours, de petits germes apparaissent… puis des feuilles. Le plant peut ensuite être mis en terre.

## JAVELOT

Le feu, le nuage, l'arbre, le château.

## USINE DU PÈRE NOEL

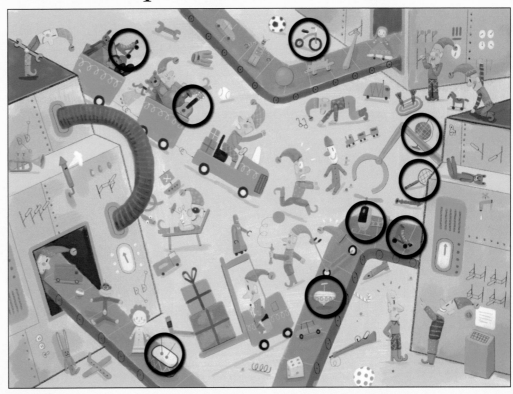

## MONSTRE

1p, 2o, 3j, 4s, 5h, 6l, 7c, 8e, 9f, 10i, 11g, 12b, 13k, 14q, 15d, 16r, 17m, 18a, 19n

## YÉTI

## NAIN

*Blanche-Neige*, de Jacob et Wilhelm Grimm. Essaie de trouver ce conte à la bibliothèque ou en librairie, puis lis-le ou demande qu'on te le lise.

## VAMPIRE

- Vous avez répondu « a » à la majorité des questions ? Pourquoi ne songeriez-vous pas à devenir menuisier ou plombier ?

- Vous avez répondu « c » à la majorité des questions ? Vous devriez envisager de devenir écrivain, poète ou artiste peintre.

- Vous avez répondu « b » à la majorité des questions ? Bravo ! La carrière de vampire est pour vous !

# MÉLI-MÉLO

Certains mots ont été déplacés et ne correspondent plus à leur lettre initiale.
Amuse-toi à démasquer les 10 mots vagabonds.

**A** — ANNEAU MAGIQUE

**B** — ÎLE

**C** — NAIN

**D** — RENNE

**E** — ELFE

**F** — FÉE

**G** — GRIMOIRE

**H** — HARICOT MAGIQUE

**I** — KORRIGAN

**J** — JAVELOT

**K** — BOTTE DE SEPT LIEUES

**L** — TALISMAN

**M** — MONSTRE

**Licorne**

**Couronne**

**Princesse**

**Queue de dragon**

**Donjon**

**Sorcière**

**Ogre**

**Usine du père Noël**

**Vampire**

**Warkbeurk**

**(pour des baisers)**

**Yéti**

**Zyrcopond**

# Crédits

## Textes
Tous les textes sont de **Pierrette Dubé**,
à l'exception de ceux des lettres D, F, I, M et U,
signés par **Luc Melanson**.

## Illustrations
**Steve Adams** a illustré les lettres : C, G, L, O, R et Z.
**Fanny** a illustré les lettres : B, H, J, N, V et Y.
**Gabrielle Grimard** a illustré les lettres : E, P, T et X.
**Josée Masse** a illustré les lettres : A, K, Q, S et W.
**Luc Melanson** a illustré les lettres : D, F, I, M et U.

La page couverture ainsi que la boîte de lettrine
sont illustrées par **Gabrielle Grimard**.

imagine

Catalogage avant publication de Bibliothèque et Archives nationales du Québec
et Bibliothèque et Archives Canada

Vedette principale au titre :
Le Merveilleux de A à Z
Pour enfants de 4 ans et plus.
ISBN 978-2-89608-045-8

1. Création (Arts) – Ouvrages pour la jeunesse.
2. Merveilleux – Ouvrages pour la jeunesse.
3. Abécédaires.
I. Dubé, Pierrette, 1952-

NX160.M47 2007
j701'.15
C2007-940785-4

Le Merveilleux de A à Z
© Les éditions Imagine inc. 2007
Tous droits réservés

Graphisme et direction artistique : Samouraï design graphique – www.samourai.ca
Révision : Claire St-Onge

Dépôt légal : 2007
Bibliothèque nationale du Québec
Bibliothèque nationale du Canada

**Les éditions Imagine**
4446, boul. Saint-Laurent, 7e étage
Montréal (Québec) H2W 1Z5
info@editionsimagine.com
www.editionsimagine.com

Imprimé au Québec
10 9 8 7 6 5 4 3 2 1

**Conseil des Arts** **Canada Council**
**du Canada** **for the Arts**

Nous remercions le Conseil des Arts du Canada
de l'aide accordée à notre programme de publication.

*Société*
*de développement*
*des entreprises*
*culturelles*
Québec

Gouvernement du Québec – Programme de crédit d'impôt pour l'édition de livres –
Gestion SODEC – Programme d'aide aux entreprises du livre et de l'édition spécialisée.